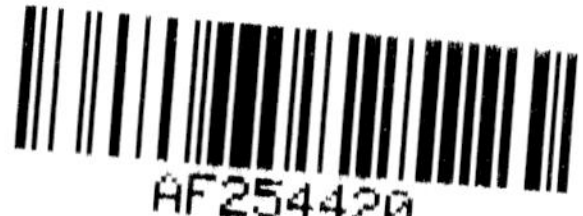

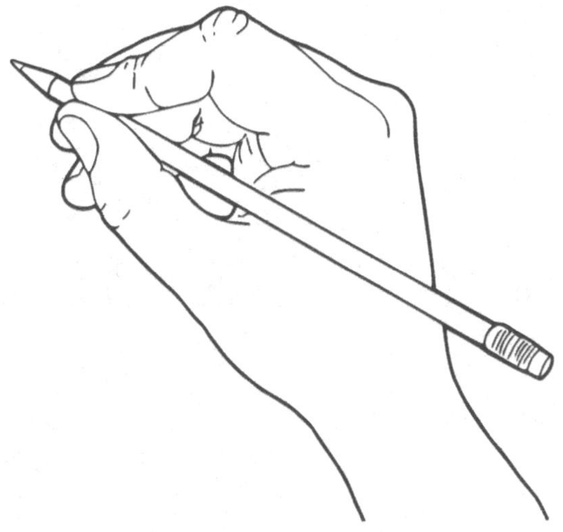

Nombre: _______________________

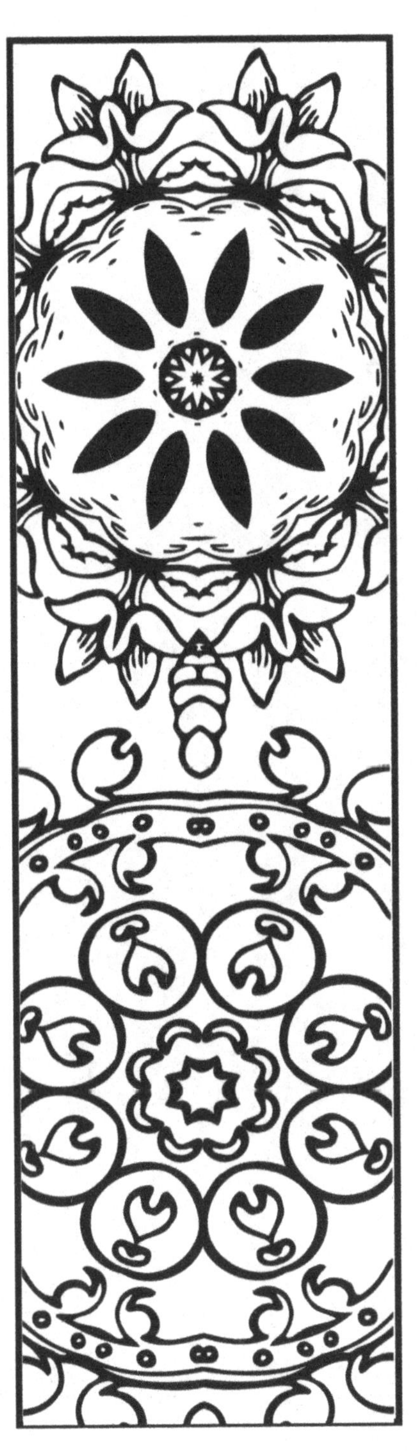

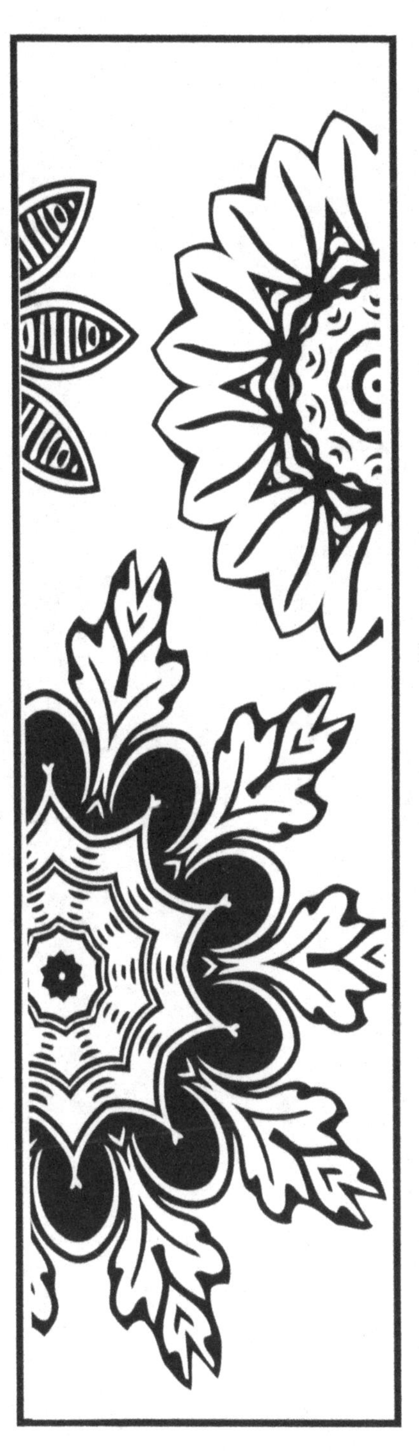

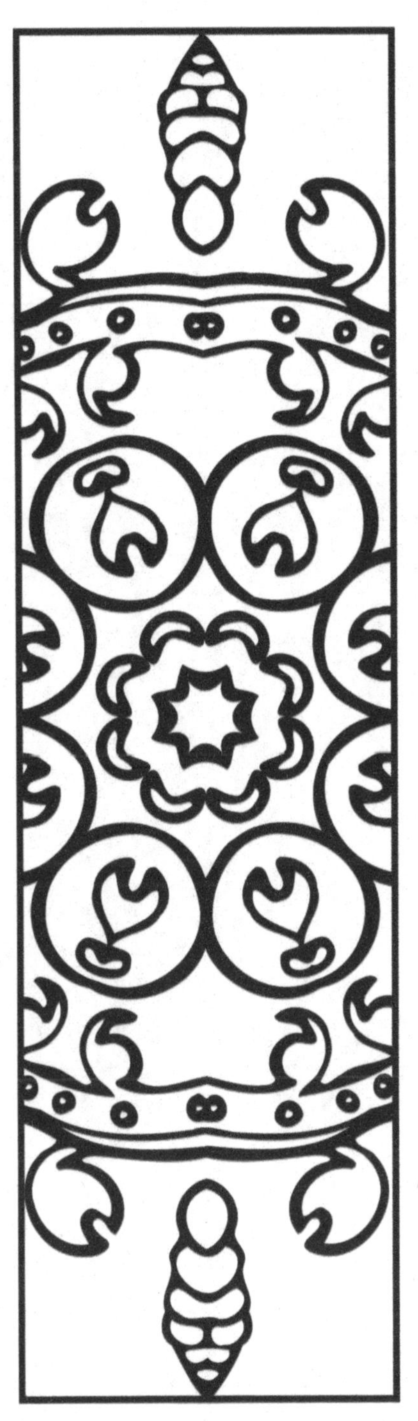

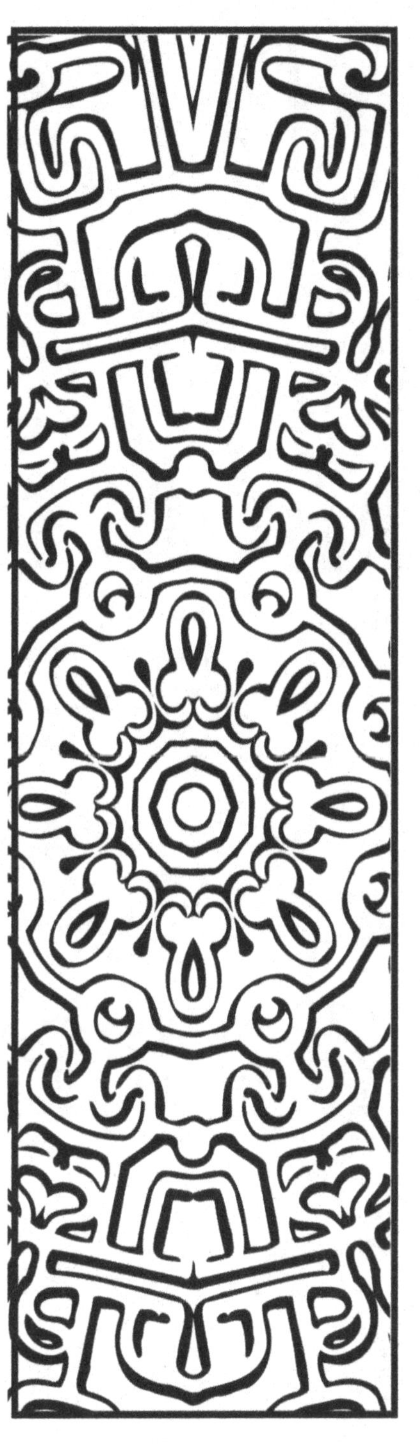

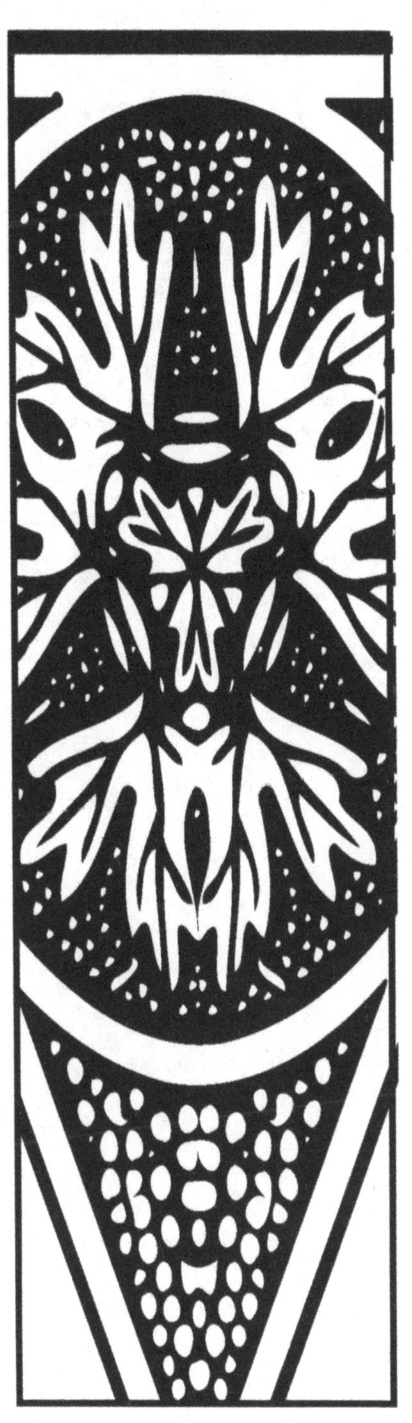

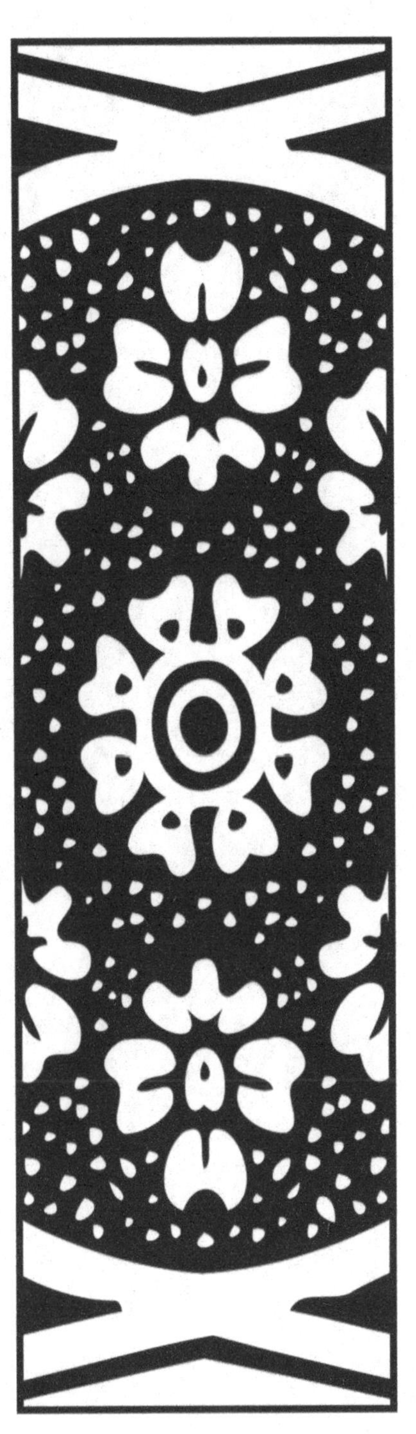

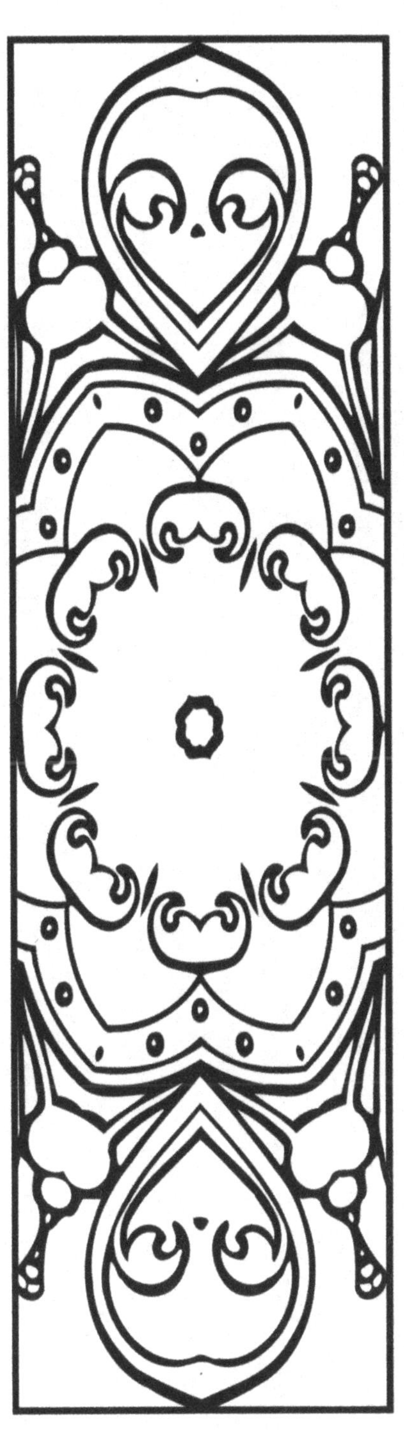

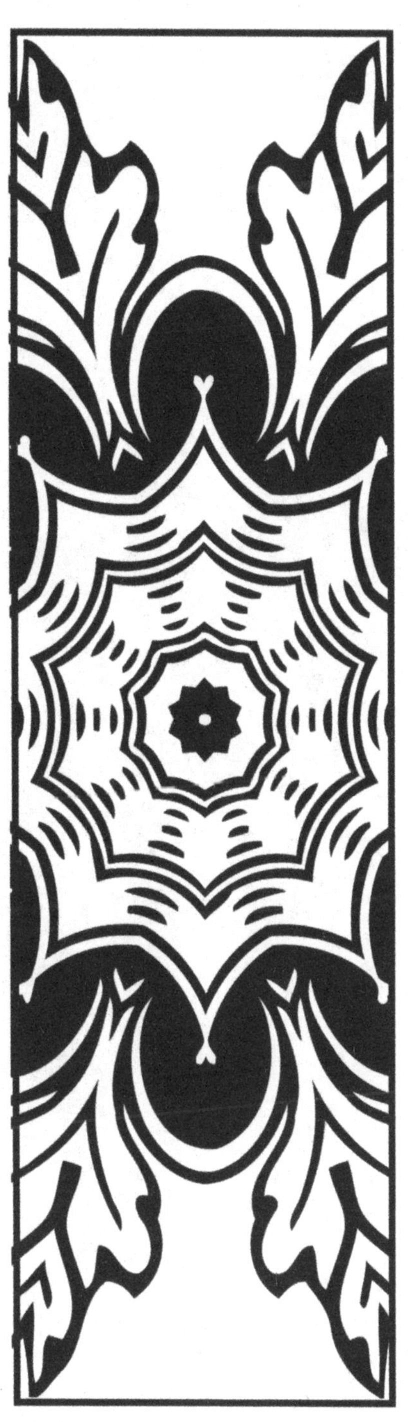

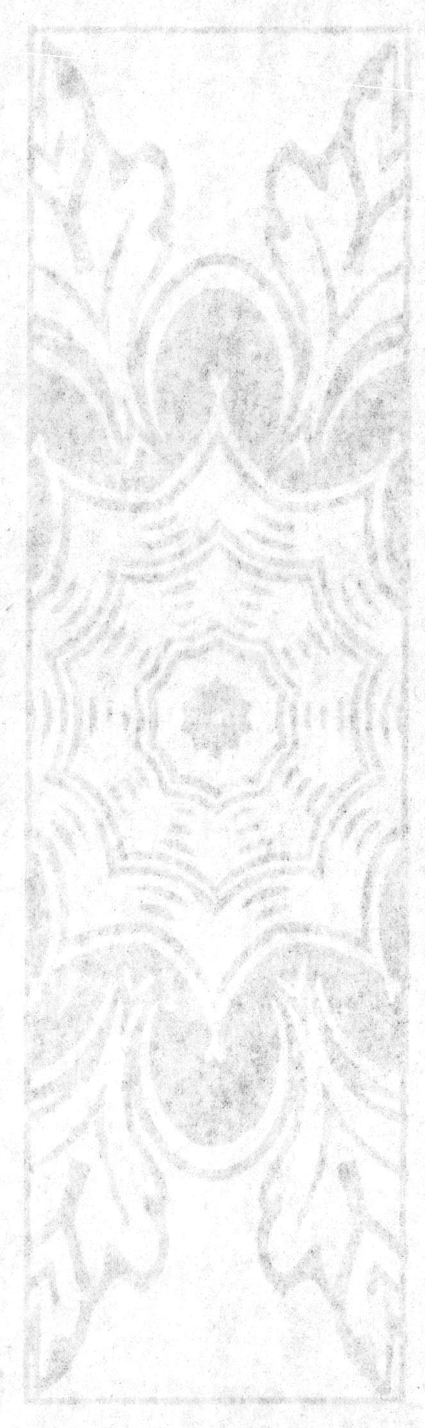

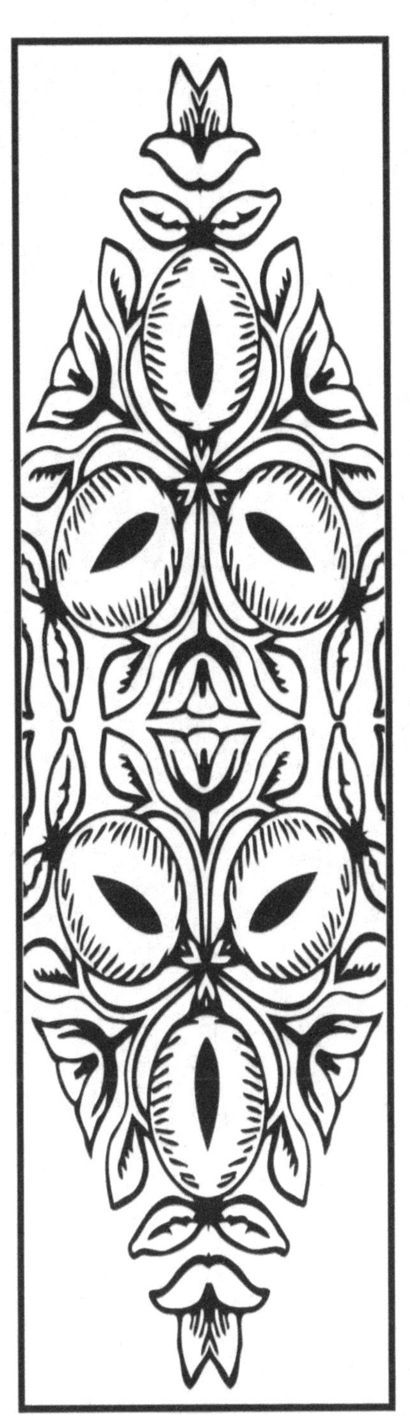

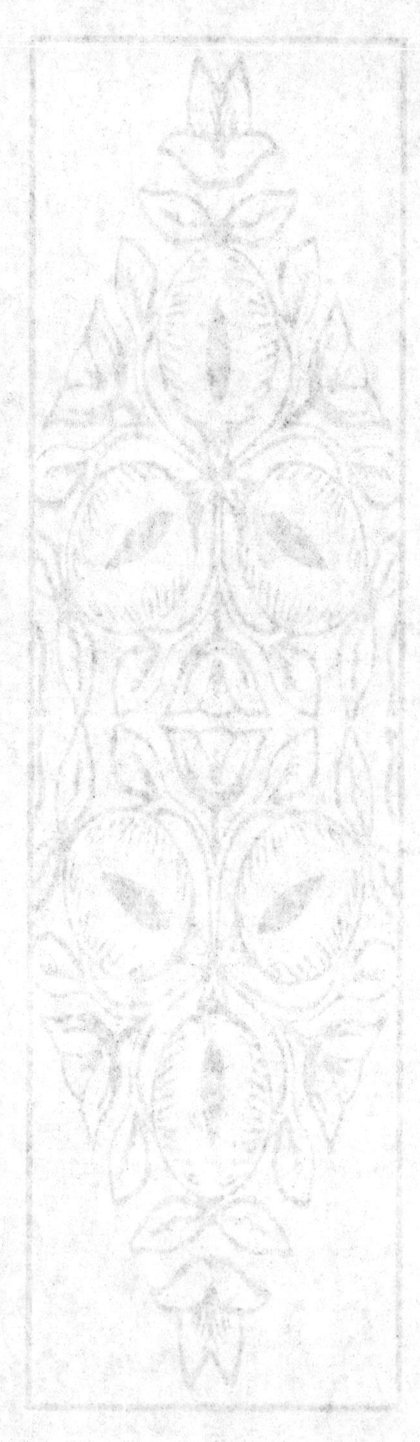

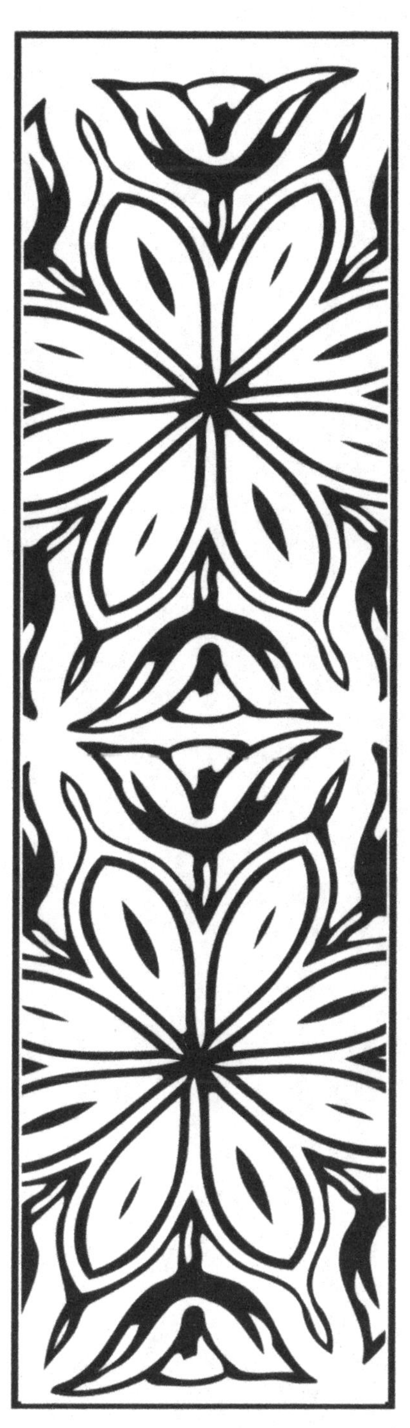

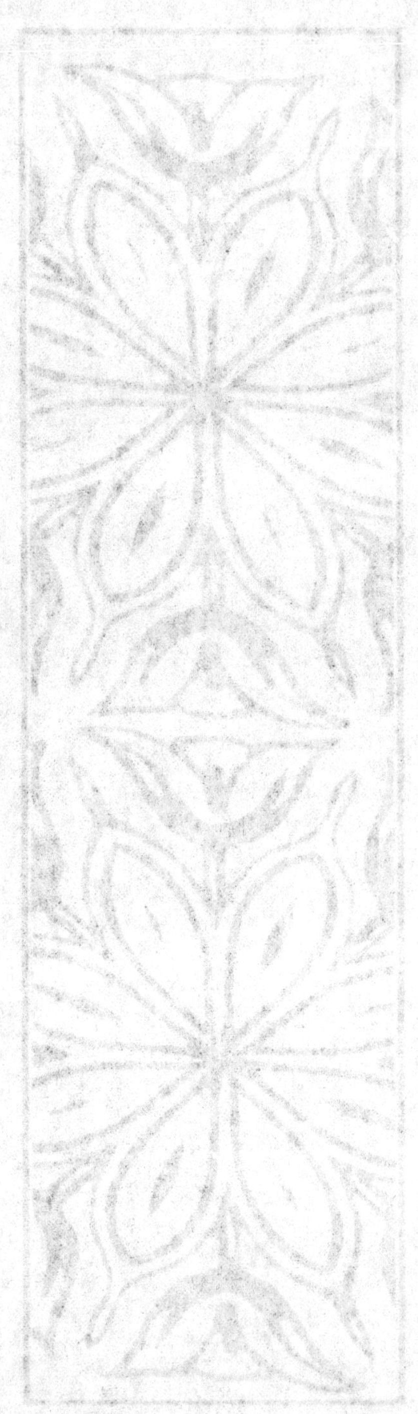

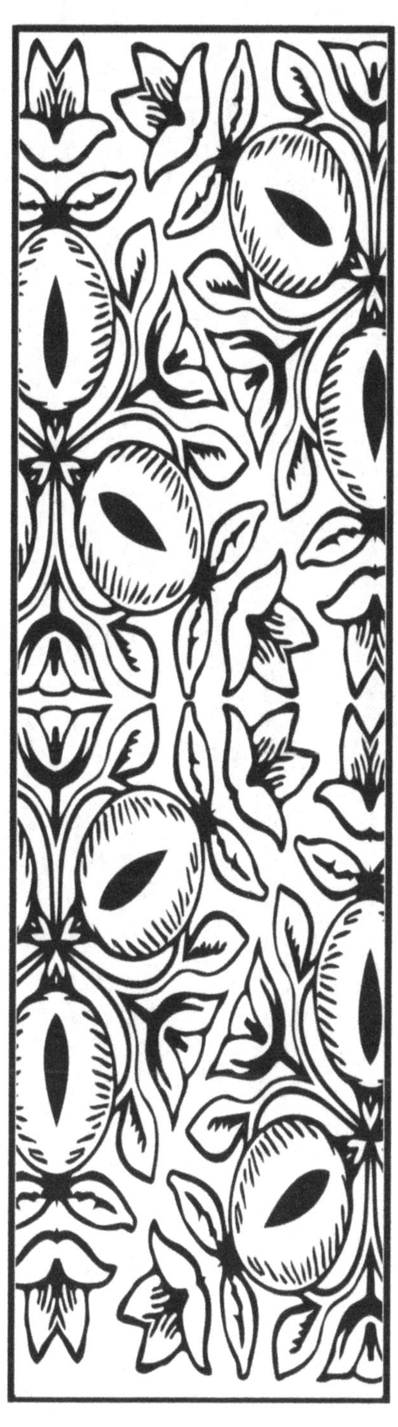

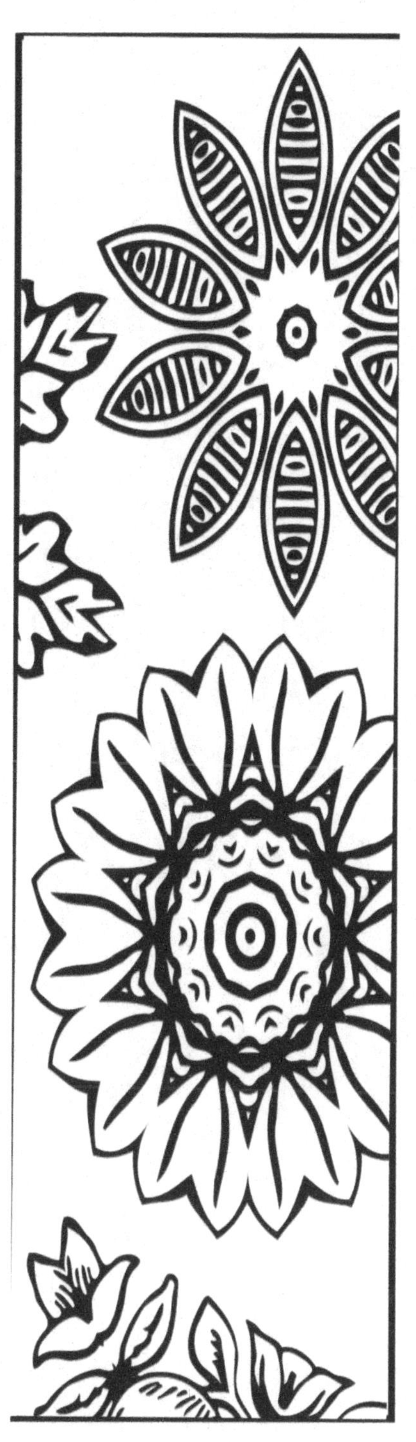

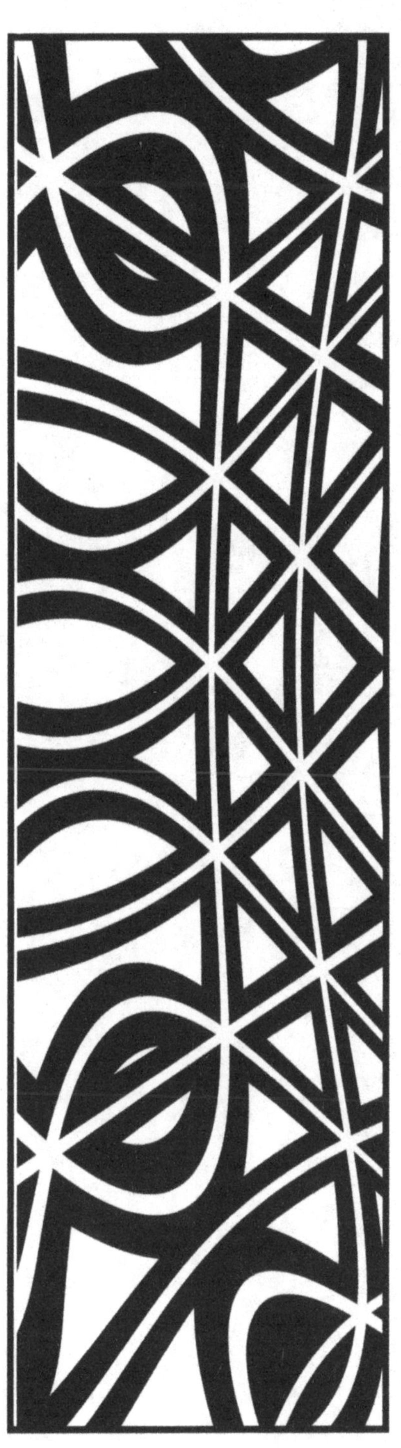

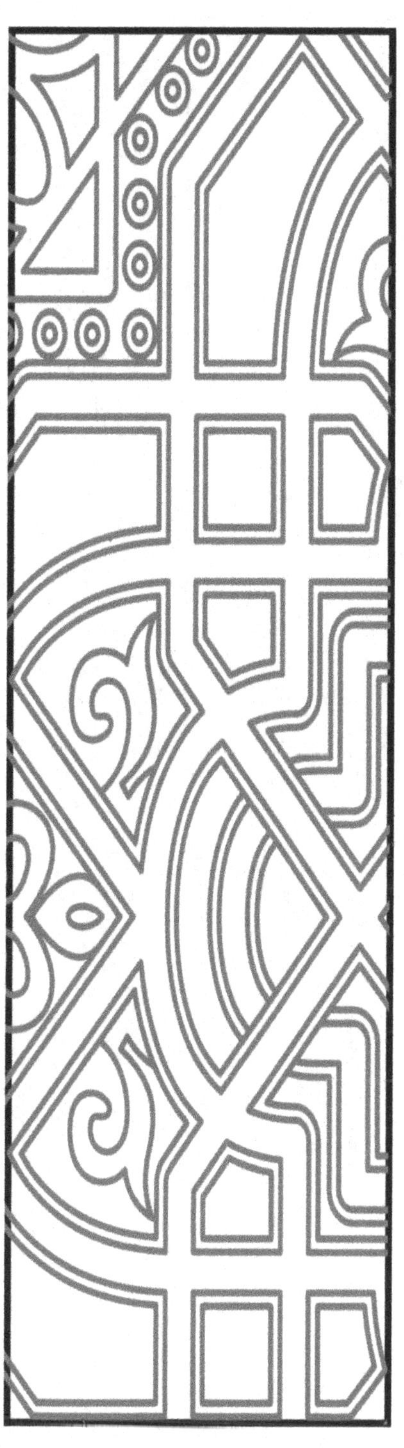

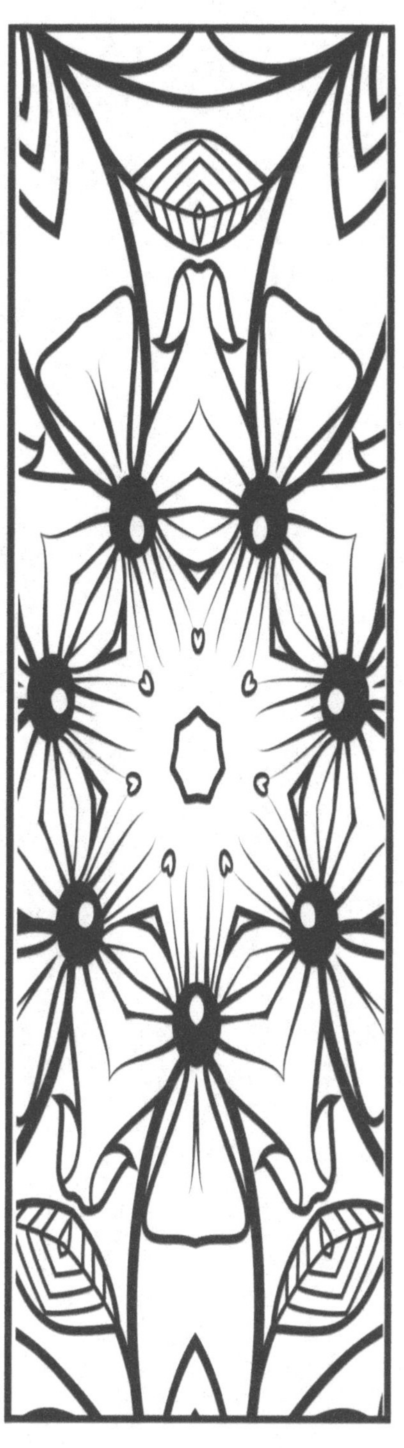

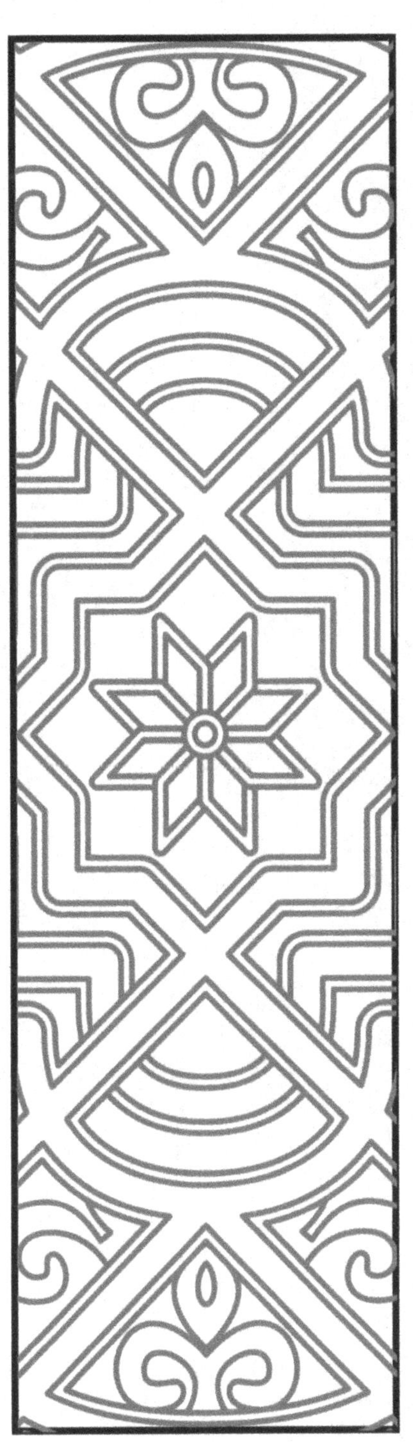

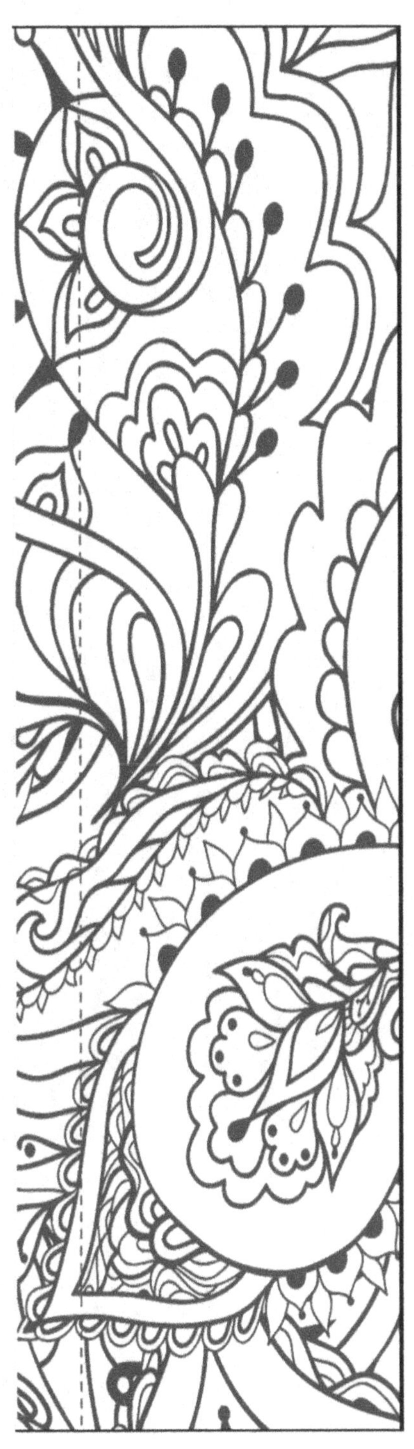

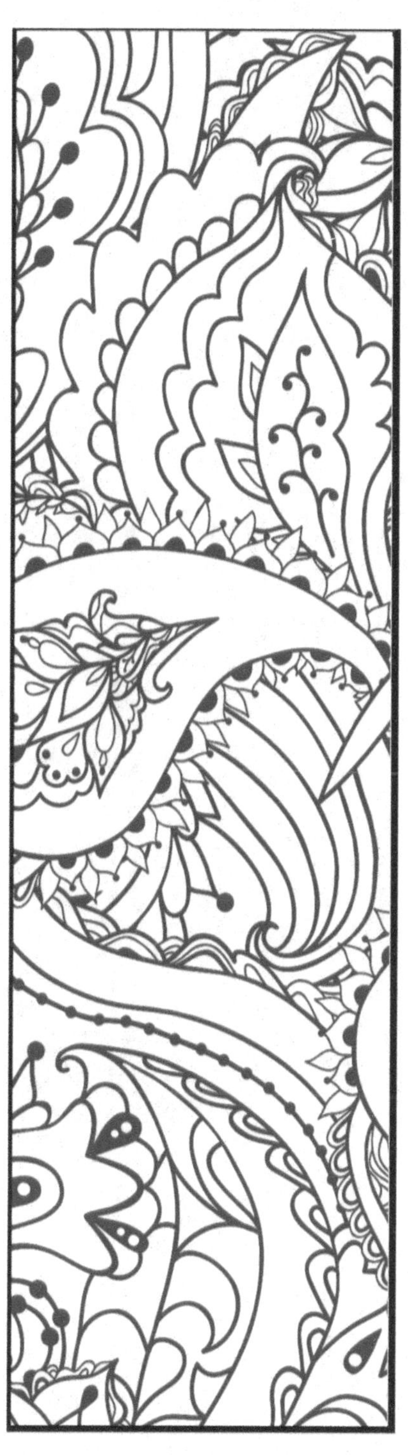

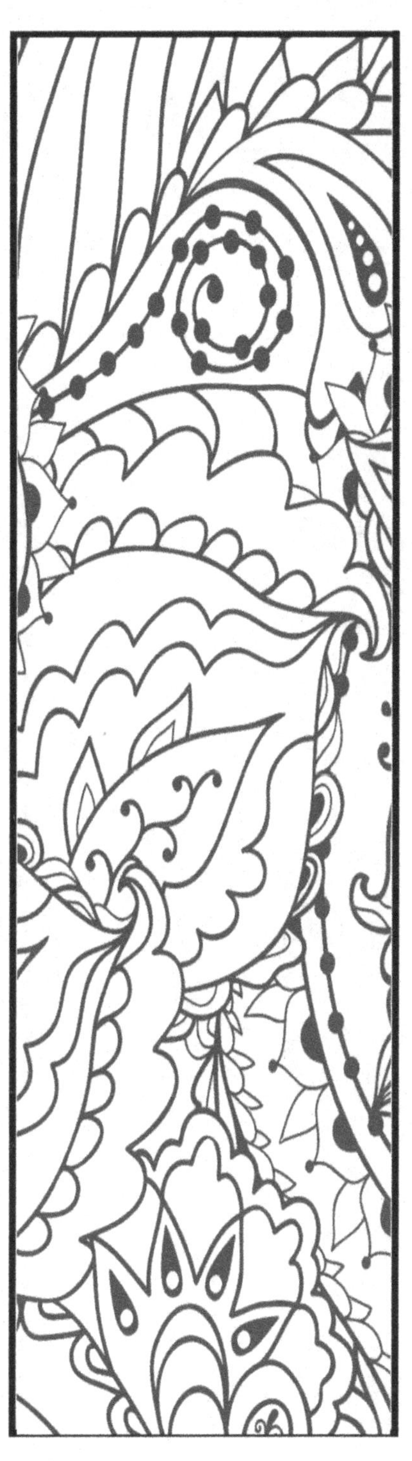

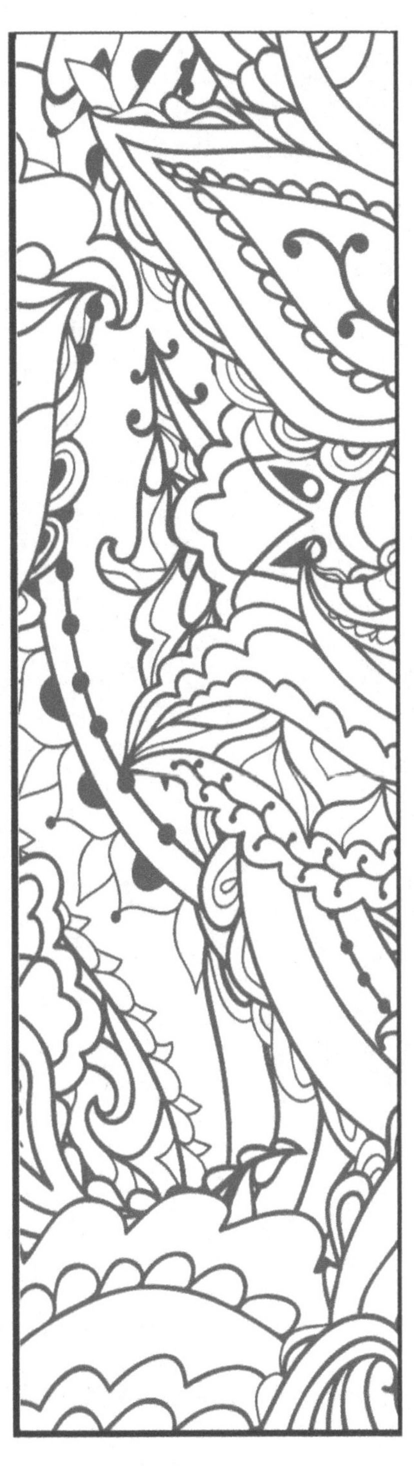

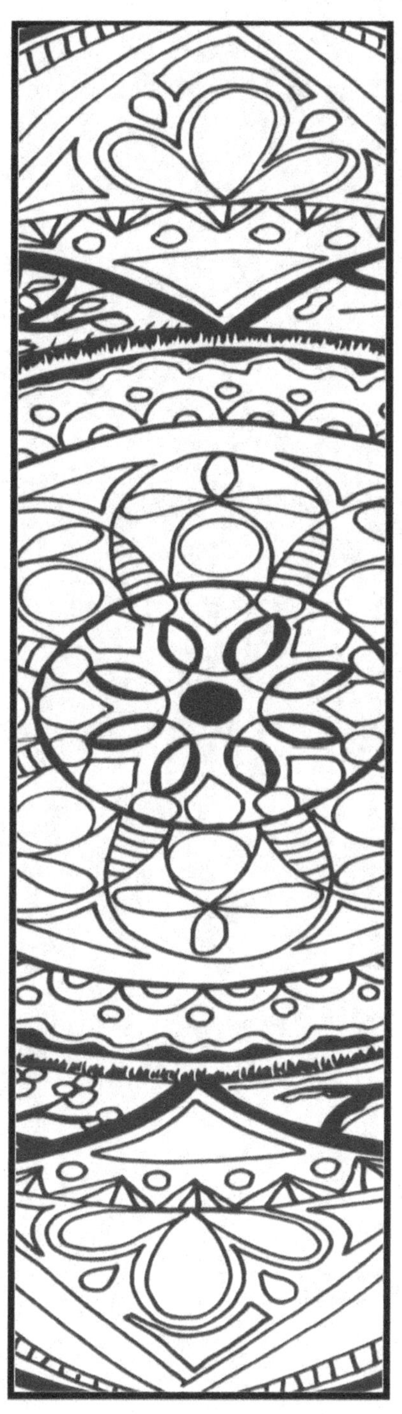

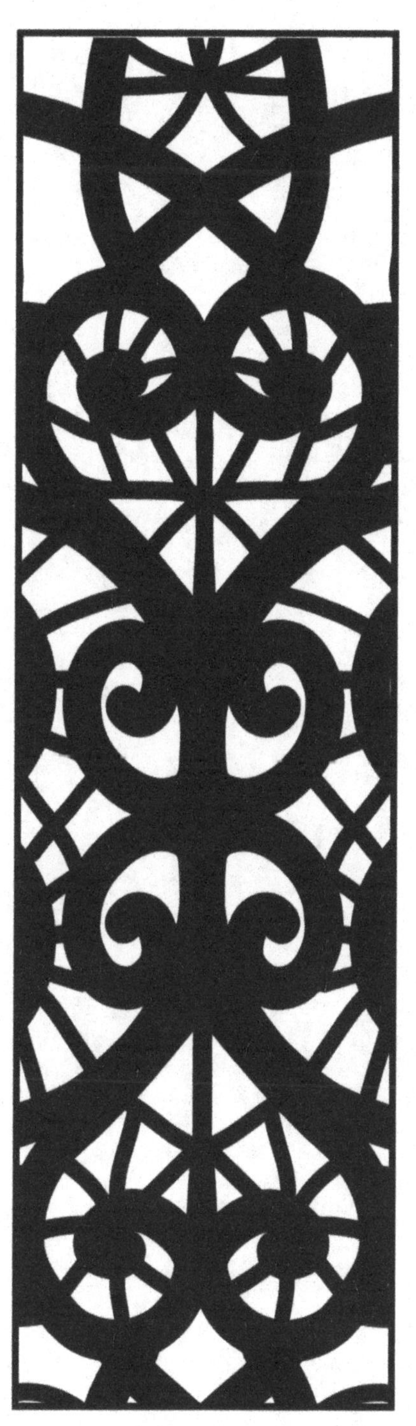

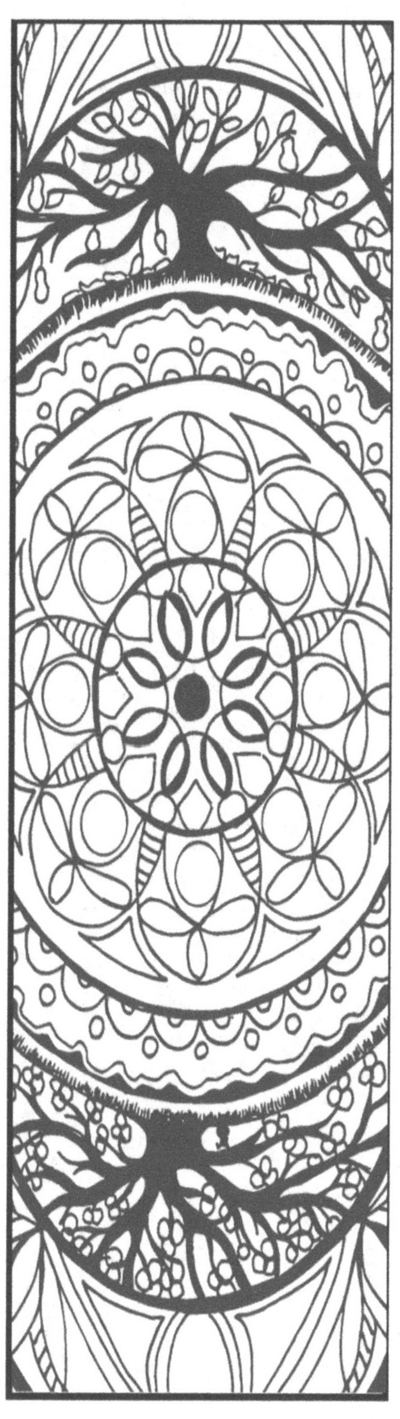

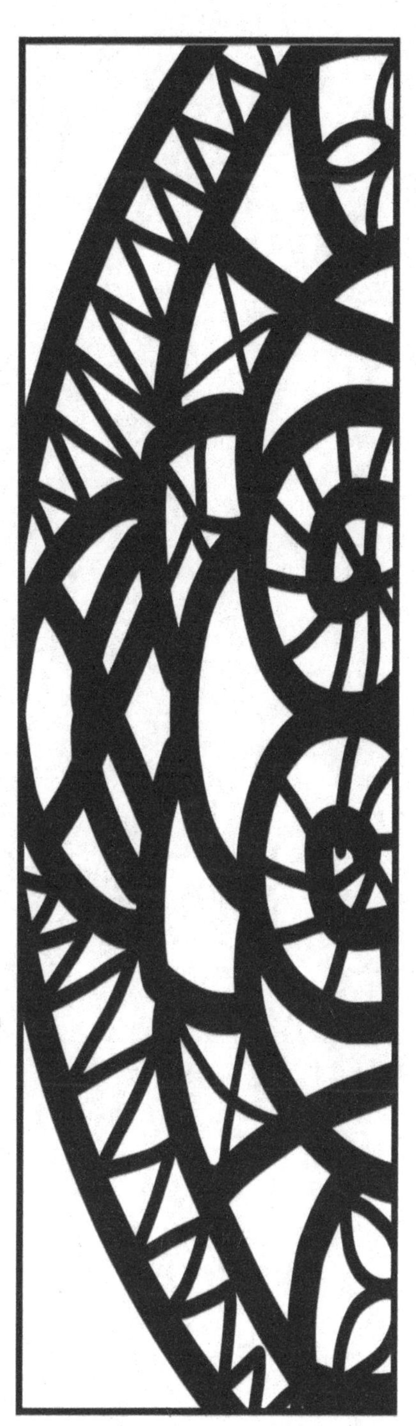

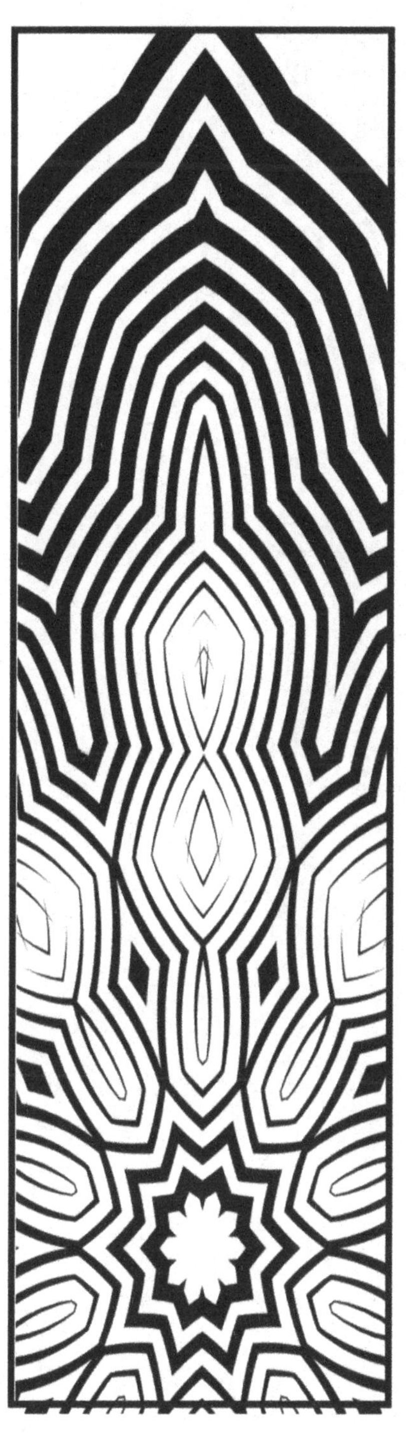

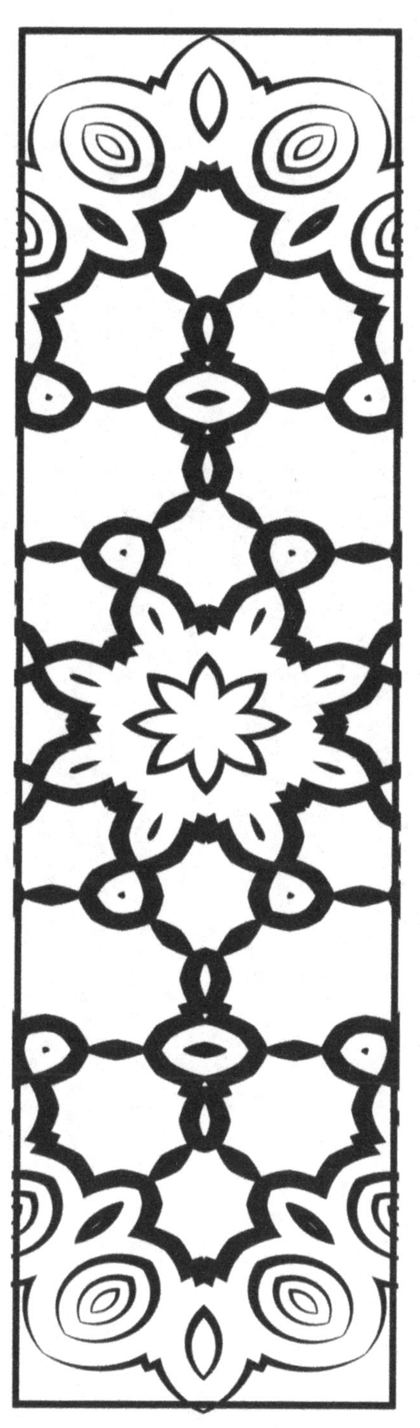

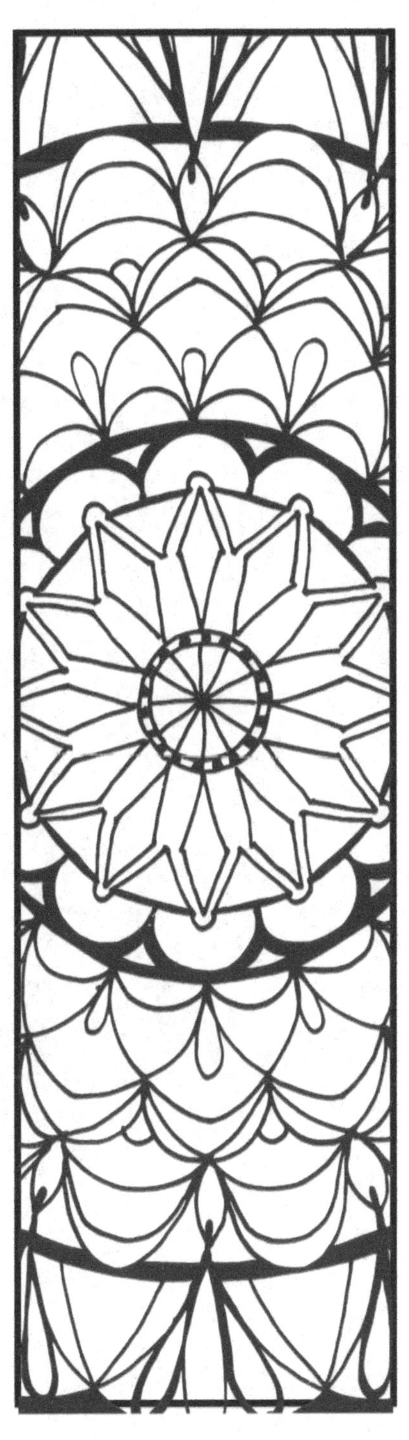

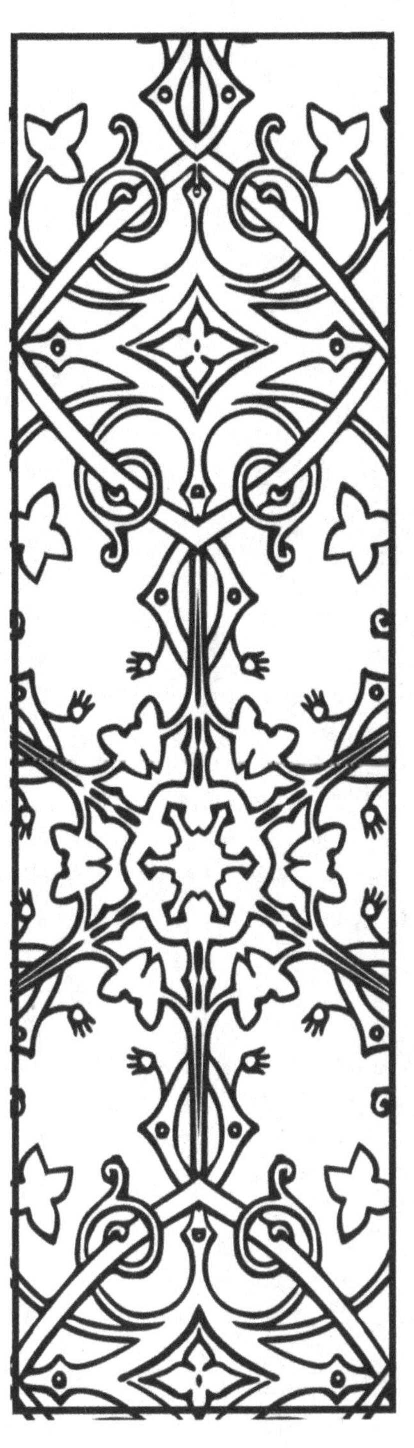

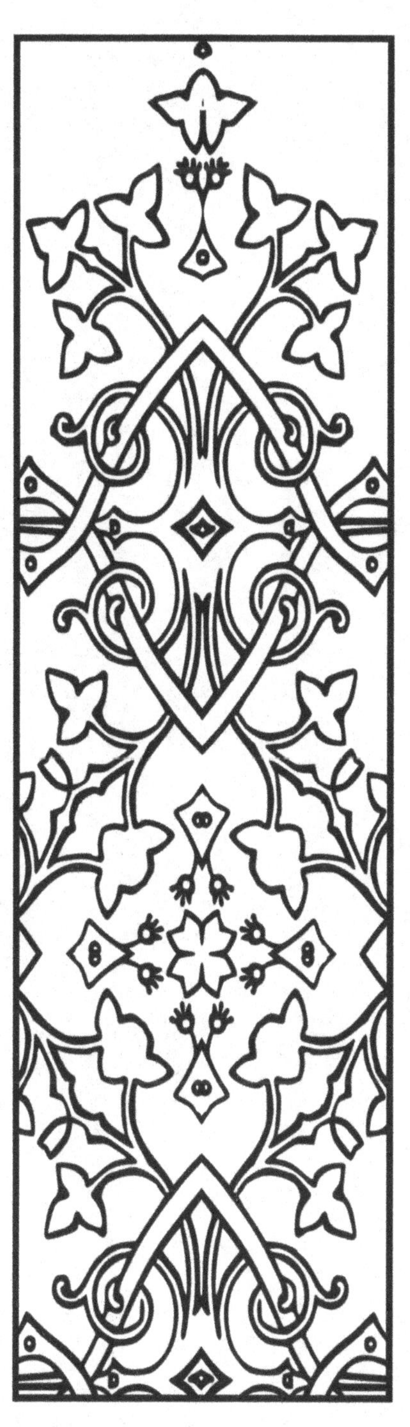

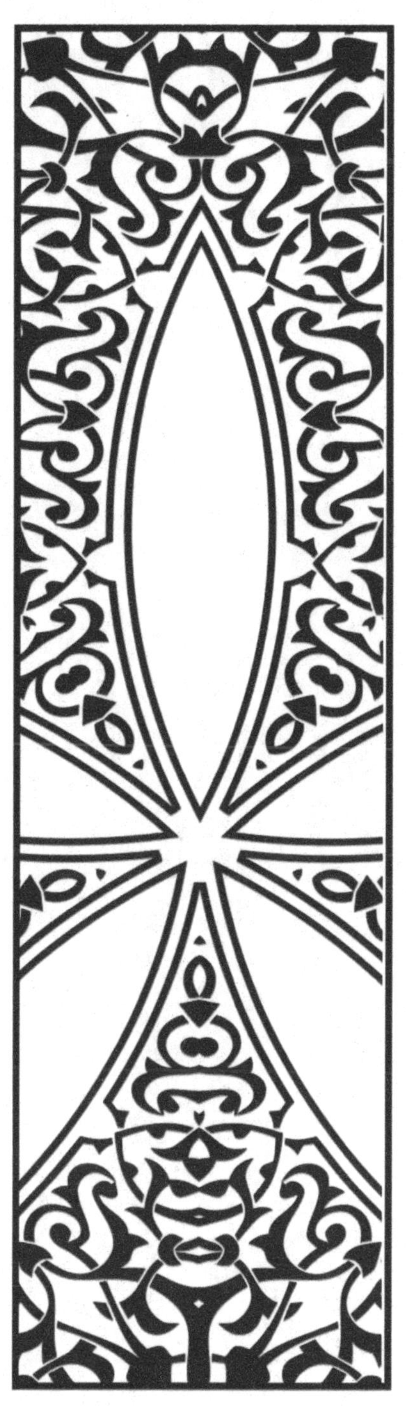

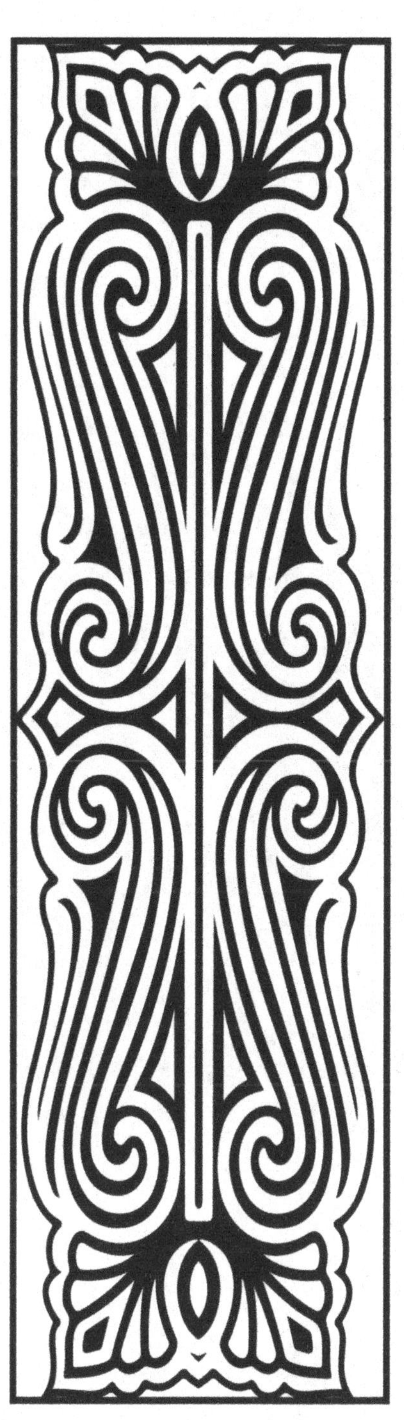

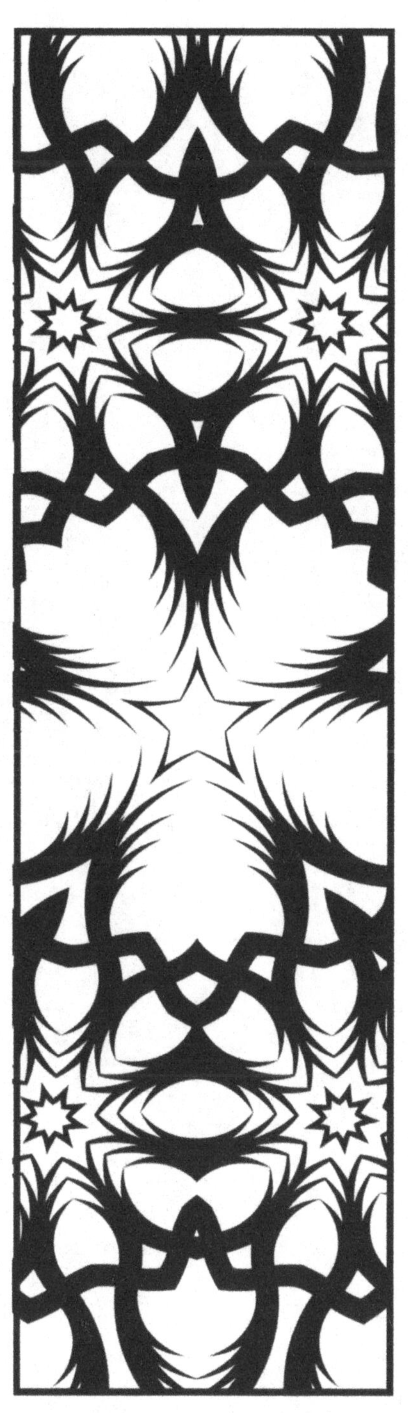

Laberinto

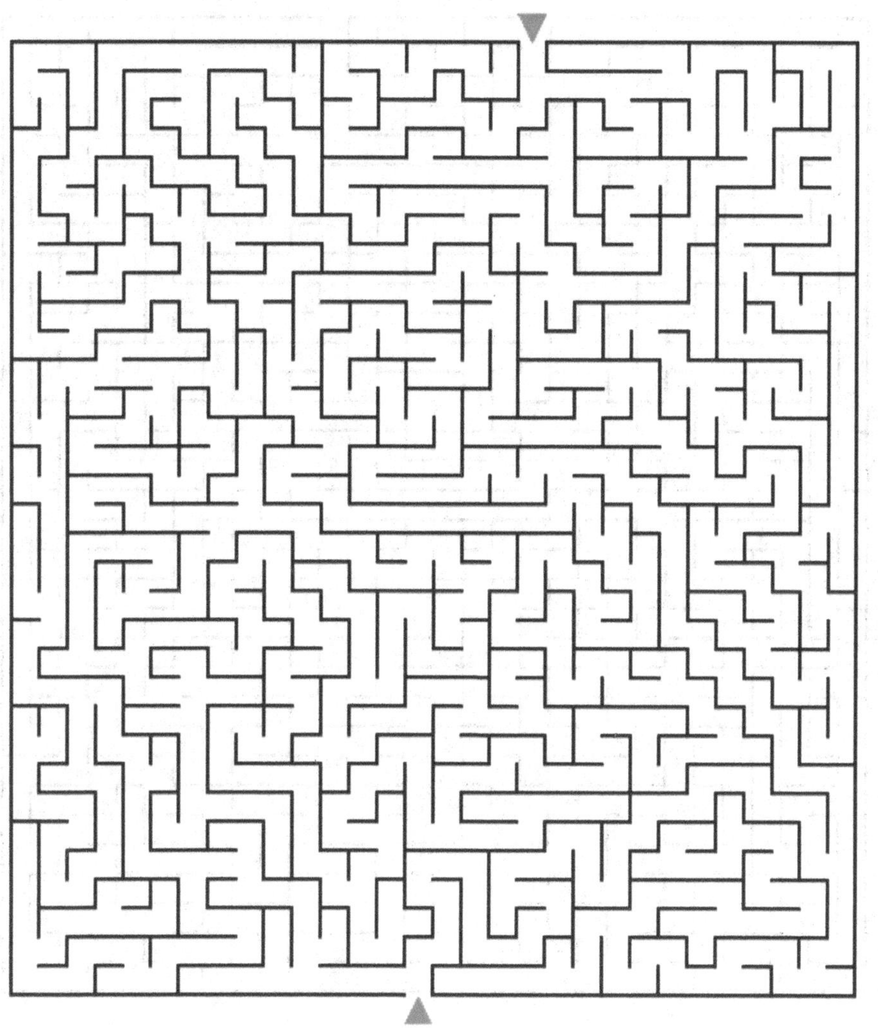

Solución del laberinto

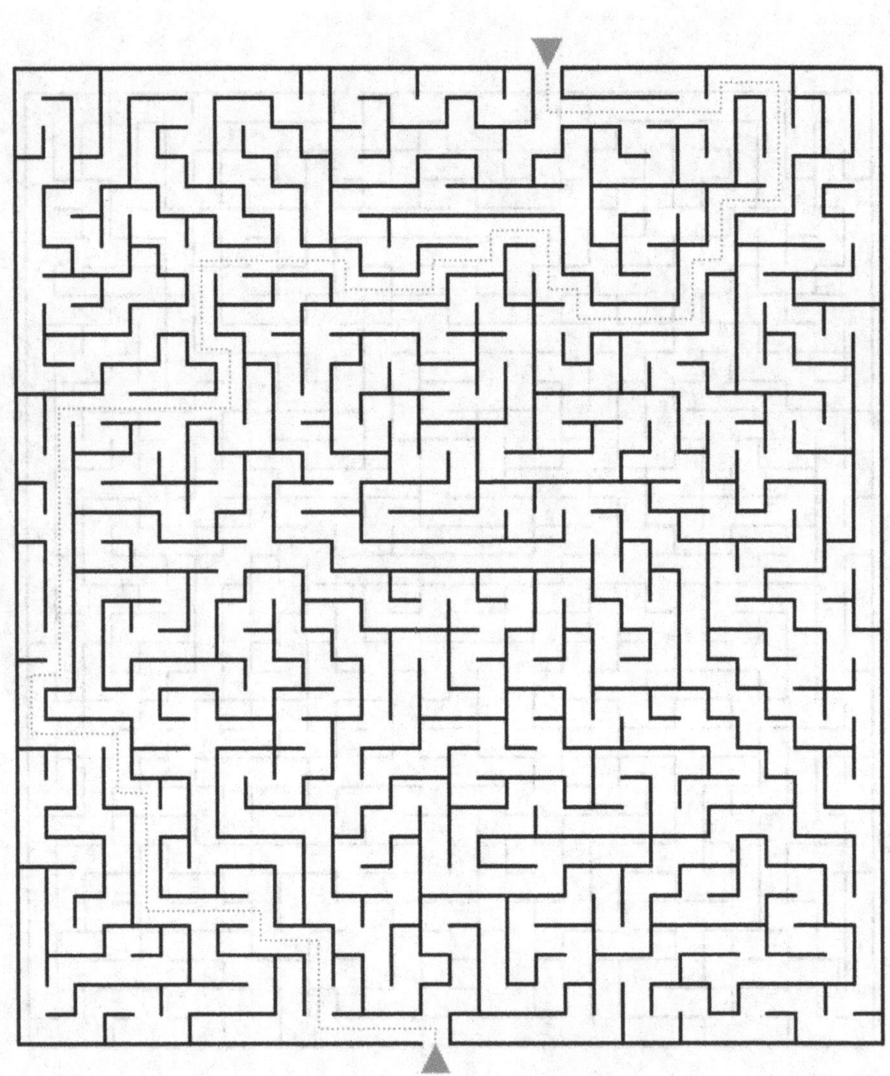